AF537087

GROßE KÄMPFER

Ritter

Kraig Helstrom

corona

Ars Scribendi Verlag

Originaltitel: History's Greatest Warriors: Knights © 2012 Bellwether Media, Inc.

Übersetzung: Simone Mann, BVK Buch Verlag Kempen GmbH
Redaktion: Christina Klüyken / Sandy Willems-van der Gieth, BVK Buch Verlag Kempen GmbH
DTP deutsche Ausgabe: Freek Kuijstermans
Gedruckt in China

ISBN 978-94-6341-543-9

Kontaktieren Sie lektorat@coronalesen.de oder besuchen Sie: www.coronalesen.de.
Fragen zu den Veröffentlichungen von Ars Scribendi richten Sie bitte an den Herausgeber.
Der Herausgeber übernimmt keine Verantwortung für Fehler oder Missverständnisse.

Rechenschaftspflicht
Der Herausgeber dankt den folgenden Personen und Organisationen für die Erlaubnis, ihr Material in dieser Publikation zu verwenden und zu reproduzieren: © Sibrikov Valery: Frontcover und 1, 4; © Abramova Kseniya: 6; © Kurt Tutschek: 8; © North Wind Picture Archives/Alamy: 9; © World History Archive/Alamy: 10-11; © Stephan Goerlich/Photolibrary: 12-13; © Robert H. Creigh: 14; Nikita Rogul, 16 (Streitkolben); © Sergii Figurnyi: 16 (Streitaxt); © FXQuadro: 17; © Tim Gainey/Alamy: 18-19; © Alex Valent: 20-21.

Mehr Informationen über unser Programm finden Sie auf www.coronalesen.de.
Bestellen können Sie über unsere Webseite oder über den (Online-)Buchhandel.

Unter dem Namen

corona

erscheinen Sachbücher für Kinder von 4 bis 14 Jahren.

Dieses Logo bietet Erstlesern, leseschwachen Kindern, Lehrern und Lehrerinnen online eine zusätzliche Hilfe zu diesem Buch.

Verwenden Sie dafür den Code auf **www.coronalesen.de**

15439

Inhaltsverzeichnis

Einige Wörter sind **fett** gedruckt.
Erklärungen findest du auf
Seite 22 im Glossar.

Wer waren die Ritter?

Im **Mittelalter** gab es in Europa viele Könige und **Landherren.** Sie kämpften gegeneinander um die Macht oder um ein Stück Land. Dabei halfen ihnen die Ritter. Diese tapferen Kämpfer stammten aus dem Adel. Sie zogen auf Pferden in die Schlacht. Ritter führten die Heere an und verteidigten die Burgen ihrer Landherren.

Ritter-Wissen

Ritter kämpften auch Mann gegen Mann gegeneinander. Bei den Duellen zwischen zwei Männern ging es oft um die Ehre.

Ritter waren gezwungen, sich an bestimmte ritterliche **Tugenden** zu halten. Sie mussten zum Beispiel mutig sein, an Gott glauben und ihrem Landherrn treu dienen. Außerdem mussten sie ehrlich sein und den Menschen helfen, die sich nicht selbst beschützen konnten.
Einige Ritter nahmen an den **Kreuzzügen** teil. Das waren große Wanderungen von **Christen** aus Europa nach Jerusalem. Sie wollten die Stadt von den Muslimen erobern.

Ritter-Wissen

Der Orden der Tempelritter war eine Gruppe von Rittern, die an den Kreuzzügen teilnahmen. Alle Ritter konnten Mitglied in dem Orden werden. Dafür mussten sie aber erst beweisen, dass sie treu waren und nach dem christlichen Glauben lebten.

Ritter-Training

Nicht jeder konnte ein Ritter werden. Jungen wurden meist durch das **Geburtsrecht** Ritter. Ihr Vater und manchmal auch ihr Opa waren schon Ritter. Auch einige Kämpfer aus gewöhnlichen Familien konnten Ritter werden, wenn sie zum Beispiel sehr mutig gewesen waren.

Ein Junge begann mit der Ausbildung zum Ritter, wenn er sieben Jahre alt war. Er war dann ein Page und lernte, höflich zu sein, zu tanzen, zu lesen und zu schreiben und andere Sprachen zu sprechen. Außerdem musste er auch das Reiten und den Umgang mit Waffen lernen.

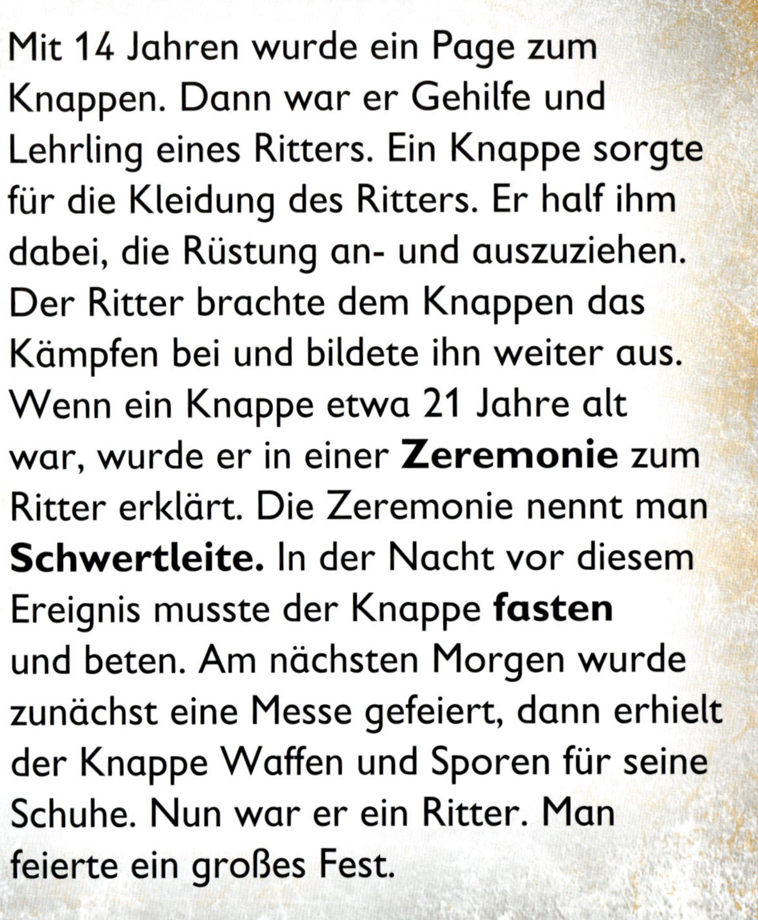

Mit 14 Jahren wurde ein Page zum Knappen. Dann war er Gehilfe und Lehrling eines Ritters. Ein Knappe sorgte für die Kleidung des Ritters. Er half ihm dabei, die Rüstung an- und auszuziehen. Der Ritter brachte dem Knappen das Kämpfen bei und bildete ihn weiter aus. Wenn ein Knappe etwa 21 Jahre alt war, wurde er in einer **Zeremonie** zum Ritter erklärt. Die Zeremonie nennt man **Schwertleite.** In der Nacht vor diesem Ereignis musste der Knappe **fasten** und beten. Am nächsten Morgen wurde zunächst eine Messe gefeiert, dann erhielt der Knappe Waffen und Sporen für seine Schuhe. Nun war er ein Ritter. Man feierte ein großes Fest.

Ritter-Wissen

Neben der Schwertleite gab es noch den **Ritterschlag.** Dabei berührte zum Beispiel ein Ritter mit seinem Schwert die Schulter des Knappen.

Ritterspiele

Wenn die Ritter nicht in den Krieg zogen, trainierten sie miteinander. Das taten sie zum Beispiel in einem Turnier.

Zum Angriff!

Zwei Ritter auf Pferden galoppierten mit langen Lanzen aus Holz aufeinander zu. Das war der *Tjost.*

Punktevergabe

Ein Ritter verdiente Punkte, wenn er seinen Gegner mit der Lanze vom Pferd stieß.

Gewonnen!

Der Gewinner kam eine Runde weiter. Der Verlierer musste sein Pferd und seine Waffen an den Gewinner abgeben.

Geld und Preise

Oft verkaufte der Gewinner seine Preise zurück an die Verlierer. So verdiente der Gewinner Geld.

Waffen und Kleidung

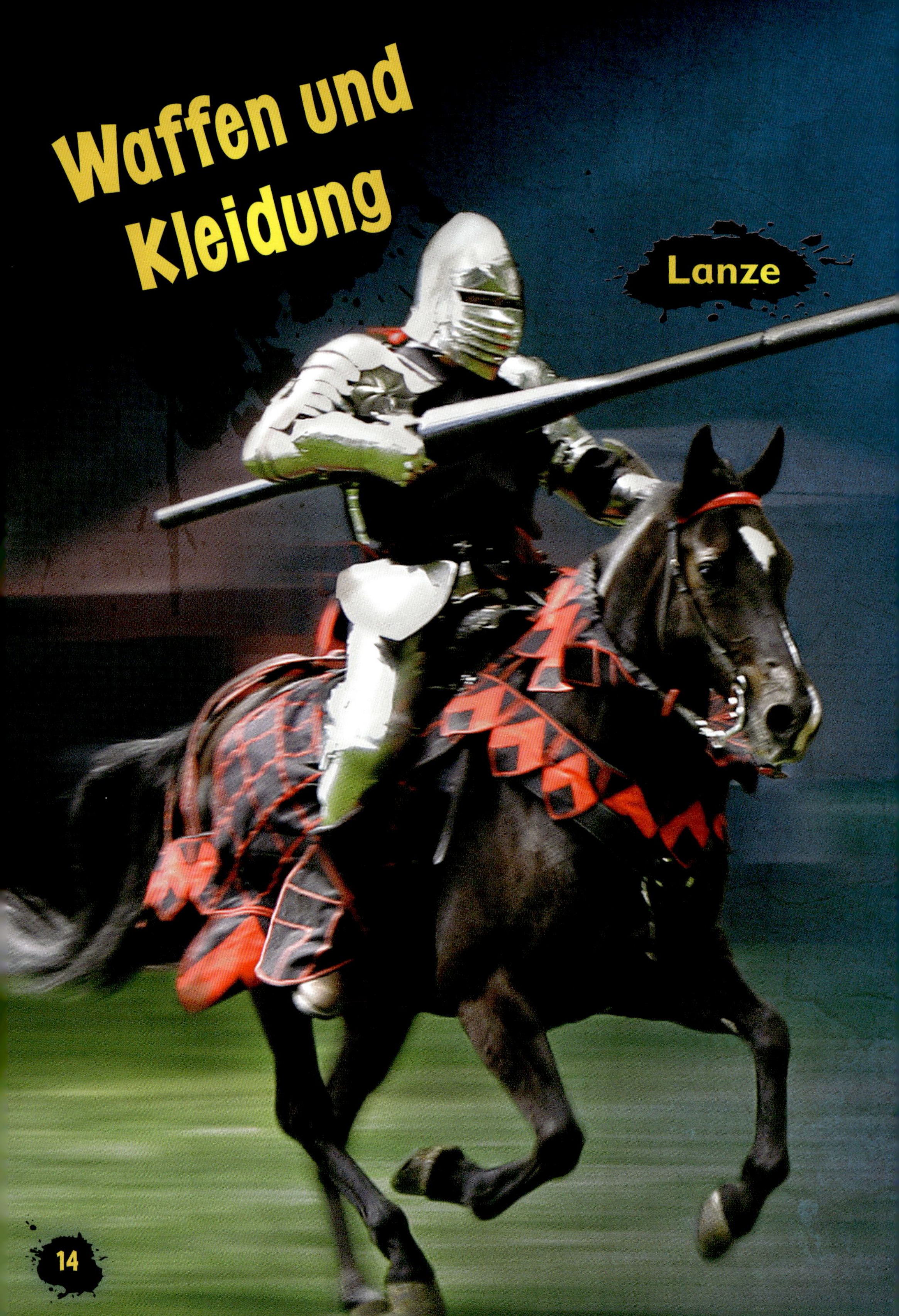

Ritter-Wissen

Einige Langschwerter wogen mehr als vier Kilogramm. Nur die stärksten Ritter konnten mit diesen Schwertern kämpfen.

Ritter kämpften meistens vom Rücken eines Pferdes aus. Sie verwendeten dann oft eine Lanze. Das war eine lange, scharfe Waffe aus Holz und Metall. Während der Schlacht mussten die Pferde natürlich ruhig bleiben. Dafür wurden sie besonders trainiert.
Am Boden kämpften die Ritter mit verschiedenen Schwertern. Ein Breitschwert war zum Beispiel breit und schwer. Ein Langschwert hatte eine lange, schmale Klinge. Es gab auch so lange Schwerter, dass sie sogar ein Pferd töten konnten!

Ihren Körper schützten die Ritter mit einer Rüstung. Die ersten Rüstungen waren aus kleinen Metallringen gemacht. Solche Rüstungen hießen **Kettenhemden.** Später trugen die Ritter einen schwere Rüstung aus großen Metallplatten. Ihren Kopf schützten sie mit einem Metallhelm mit einem **Visier.** Außerdem nutzten sie noch Schilde.
Einige Ritter kämpften mit einer Streitaxt oder einem Streitkolben. Mit diesen Waffen versuchten sie, die Rüstungen der Feinde zu zerschlagen.

Kettenhemd

Das Ende der Ritter

Fast 1 000 Jahre lang waren die Ritter die rauesten und gefährlichsten Kämpfer in Europa, bis im 14. Jahrhundert Gewehre und Kanonen erfunden wurden. Am Anfang waren diese Waffen noch langsam und wenig treffsicher. Um einen Krieg zu gewinnen, brauchte man deshalb immer noch Ritter.

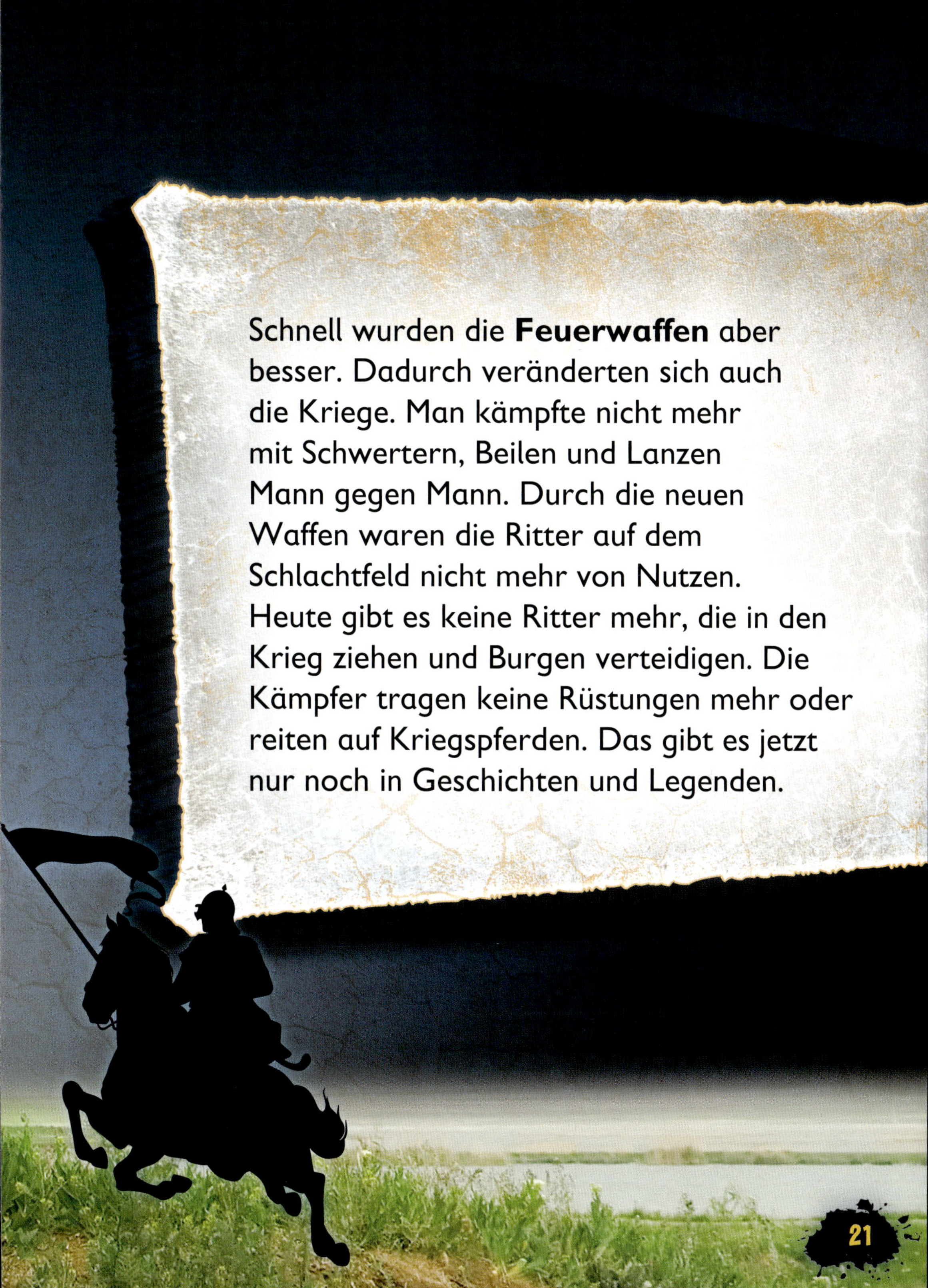

Schnell wurden die **Feuerwaffen** aber besser. Dadurch veränderten sich auch die Kriege. Man kämpfte nicht mehr mit Schwertern, Beilen und Lanzen Mann gegen Mann. Durch die neuen Waffen waren die Ritter auf dem Schlachtfeld nicht mehr von Nutzen. Heute gibt es keine Ritter mehr, die in den Krieg ziehen und Burgen verteidigen. Die Kämpfer tragen keine Rüstungen mehr oder reiten auf Kriegspferden. Das gibt es jetzt nur noch in Geschichten und Legenden.

Glossar

Christ	Jemand, der an Gott und seinen Sohn Jesus Christus glaubt.
Tugend	ein vorbildliches Verhalten, zum Beispiel Treue oder Höflichkeit
fasten	eine bestimmte Zeit lang nichts mehr essen
Feuerwaffe	Eine Waffe, die durch Explosionen zum Beispiel Pistolen- oder Kanonenkugeln abschießt.
Geburtsrecht	Etwas, was man darf, weil man in eine bestimmte Familie oder in einen bestimmten Gesellschaftsstand hineingeboren wurde.
Kettenhemd	eine schwere Rüstung aus kleinen Metallringen
Kreuzzug	Ein Krieg von Führern der Katholischen Kirche, um heilige Länder zurückzuerobern.
Landherr	Jemand, der im Mittelalter ein großes Stück Land besaß und zu einem hohen Gesellschaftsstand gehörte.
Mittelalter	Eine Zeitspanne in der Geschichte, die das 5. bis 15. Jahrhundert umfasst.
Ritterschlag	Zeremonie, in der ein Knappe von einem Ritter oder König mit dem Schwert zum Ritter geschlagen wurde.
Schwerleite	Zeremonie, in der ein Knappe nach seiner Ausbildung zum Ritter wurde.
Turnier	ein Wettkampf
Visier	Ein bewegliches Teil vorne am Helm eines Ritters, das sein Gesicht schützte.
Zeremonie	Eine feierliche Handlung, die nach bestimmten Regeln abläuft.

Erfahre noch mehr

Bücher:

Ritter und Burgen (Leselauscher Wissen), Hans-Jürgen van der Gieth, BVK Buch Verlag Kempen 2018

Ritter. Burgen, Turniere, edle Frauen (Was ist was, Band 88), Andrea Schaller, Tessloff Verlag 2018

Ritter und Burgen (memo Kids), Dorling Kindersley 2014

Internetseiten:

www.planet-schule.de/sf/filme-online.php?film=9267

Auf dieser Seite findest du einen Film zum Thema „Ritter“. Erfahre zum Beispiel, wie aus einem Pagen ein Ritter wurde. Außerdem kannst du dir anschauen, welche Fähigkeiten ein Ritter haben musste.

www.kindernetz.de/infonetz/laenderundkulturen/mittelalter/-/id=312838/fvw3dn/index.html

Hier gibt es viele Informationen zu den Rittern. Lies nach, wie Ritter in Burgen lebten und welche Kleidung sie trugen.

Index